27

Ln 16387.

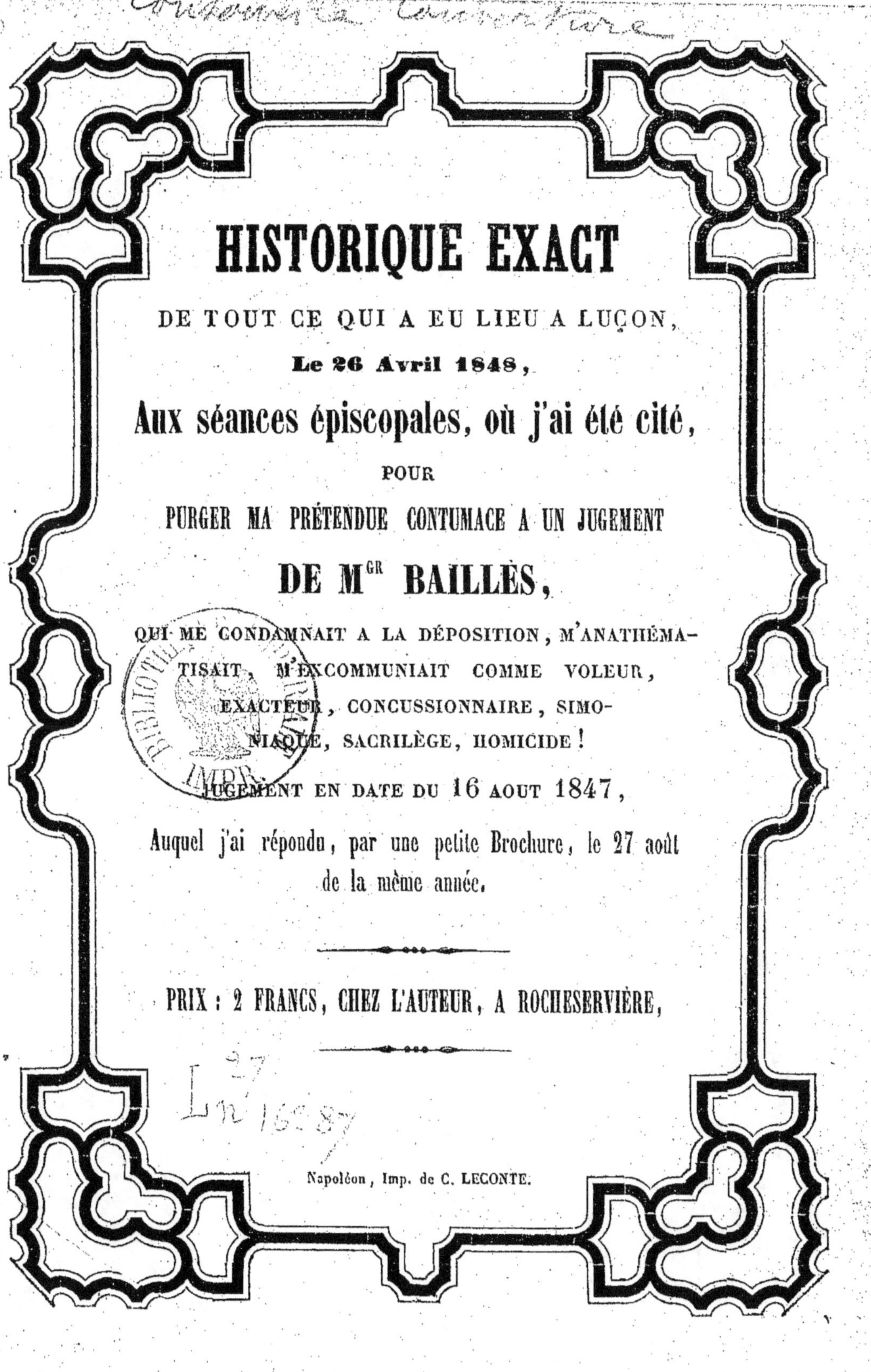

HISTORIQUE EXACT

DE TOUT CE QUI A EU LIEU A LUÇON,

Le 26 Avril 1848,

Aux séances épiscopales, où j'ai été cité,

POUR

PURGER MA PRÉTENDUE CONTUMACE A UN JUGEMENT

DE MGR BAILLÈS,

QUI ME CONDAMNAIT A LA DÉPOSITION, M'ANATHÉMA-
TISAIT, M'EXCOMMUNIAIT COMME VOLEUR,
EXACTEUR, CONCUSSIONNAIRE, SIMO-
NIAQUE, SACRILÈGE, HOMICIDE !

JUGEMENT EN DATE DU 16 AOUT 1847,

Auquel j'ai répondu, par une petite Brochure, le 27 août
de la même année.

———— ••• ————

PRIX : 2 FRANCS, CHEZ L'AUTEUR, A ROCHESERVIÈRE,

———— ••• ————

Napoléon, Imp. de C. LECONTE.

HISTORIQUE EXACT

De tout ce qui a eu lieu à Luçon, le 26 avril 1848, aux Séances Épiscopales, où j'ai été cité, pour purger ma prétendue contumace, à un jugement de Mgr BAILLÈS, qui me condamnait à la déposition, m'anathématisait, m'excommuniait comme voleur, exacteur, concussionnaire, simoniaque, sacrilège, homicide!.... Jugement en date du 16 août 1847, auquel j'ai répondu, par une petite brochure, le 27 août de la même année.

Si verè ùtique justitiam loquimini,
Recta judicate, filii hominum.
Ps. 57.

Dans l'espoir que je croyais fondé d'adoucir, un peu, la violente hostilité de mon Évêque contre moi, et de lui faire comprendre toutes l'injustice de mes accusateurs, et surtout l'absurdité de leurs accusations, j'avais demandé et obtenu une petite audience privée et préalable, avant de paraître judiciairement sur la sellette. Je nourrissais toujours et malgré tout, la douce espérance que, dans une conversation particulière, où le cœur d'un fils soumis et profondément respectueux, parle si facilement le doux et éloquent langage de la vérité et de l'amour, si difficile à simuler, je croyais, dis-je, que mon Évêque, bon comme un père et juste comme un juge, comprendrait enfin l'iniquité des charges injustes qu'une haine et une malice incroyablement mal combinées, faisaient peser sur moi. Je pensais éviter, par là, à moi, l'humiliation de paraître comme accusé, à mes juges; celle plus grande encore de reculer et de chanter une palinodie bien pénible pour un pouvoir qui ne devrait jamais se tromper, qui ne devrait jamais accuser de crimes infâmes et flétrir publiquement, un malheureux dont il est forcé ensuite de reconnaître la trop évidente innocence.

Mais, dans cette première visite, j'ai reçu un accueil bien froid et bien peu encourageant, pour ne rien dire de plus. Mgr m'a reproché d'avoir endoctriné l'Archevêque, mais, en m'assurant, *qu'aujourd'hui, il n'avait rien à craindre de ce côté là.* C'était faire un grand éloge de mes talents et une bien amère censure de ceux du Métropolitain. C'est un honneur que je tiens à décliner. Le préjugé de ma culpabilité certaine m'a paru si enraciné, que l'on m'a encore accusé, là, de crimes absurdes et moralement impossibles, en me disant que j'étais capable de tout, même d'assassiner. J'ai demandé, à Mgr, s'il était vrai qu'il eut engagé M. le Procureur de la République à me poursuivre d'office, tandis que M. Gouraud m'écrivait de sa part, qu'il était disposé à me traiter en père; Mgr n'ayant pas voulu me répondre, je m'en vas, ai-je dit, répondre pour vous; M. le Procureur de la République m'a fait lire deux lettres, une par laquelle vous le poussiez à me traduire devant les tribunaux, le Conseil de Fabrique se portant partie civile, parce qu'il ne convenait pas, disiez-vous, que vous le fissiez vous-même, et une autre par laquelle ce magistrat vous répondait qu'il ne me poursuivrait pas; que le Trésorier seul était responsable, aux termes du décret de 1809.

Mgr s'est encore défendu d'avoir retenu mes mandats, en disant que le père Denis seul, par une inadvertance dont il l'avait beaucoup blâmé, ne les avait retenus que pendant quinze jours; mais, ai-je repliqué, ils l'ont été pendant neuf mois, au grand étonnement du père Denis lui-même. J'ai été obligé d'écrire au Ministre, et j'ai lu, à la Préfecture, la lettre que Votre Grandeur avait écrite, pour s'autoriser à me faire souffrir ce tourment d'un nouveau genre.

Dans cette petite conversation, le Prélat était si ému, qu'en le regardant, je me suis permis de lui faire observer, avec douceur, avec le respect le plus profond, avec même un vif intérêt, qu'il était en colère; que s'il ne se modérait pas, il était si rouge, qu'il allait être frappé d'apoplexie. Ne voulant pas être gourmandé de nouveau, ni surtout exposer le Diocèse de Luçon, à la perte cruelle, douloureuse et peut-être irréparable de son premier pasteur, je ne me suis pas rendu, au palais Épiscopal, le soir du même jour, pour y continuer cette désagréable causerie, comme on m'y avait engagé. Je craignais trop de la voir se poursuivre sur le même ton, avec la même acrimonie, sans être bien sûr de ne pas sortir de la ligne de modération que je m'étais fortement tracée. J'ai donc préféré laisser les choses se décider judiciairement et suivre le cours de la procédure indiquée. Sûr de mon innocence et de l'insigne fausseté des accusations, j'ai attendu bien tranquillement au lendemain, l'heure fixée pour la première séance. Je vais, ici, faire la narration la plus exacte de tous ce qui s'y est passé. Cette exactitude est attestée par mon honorable confrère, le Curé des Lucs, témoin approuvé par Mgr, qui signe avec moi, qui a tout entendu, tout vu, tout compris, et qui, dans cette pénible conjoncture, m'a rendu de grands services. Je lui en exprime, ici, ma plus vive comme ma plus sincère reconnaissance. Je devais encore lui joindre M. l'abbé Menoust de Palluau. Mais celui-ci n'a pas voulu, ou n'a pas pu être mon second témoin assistant. J'ai compris cette prudente et méticuleuse réserve; car ces deux confrères que j'avais demandés et que l'on m'avait accordés, auraient dû, sur ma désignation, être appelés par l'autorité elle-même qui s'y est refusée, quelques instances que j'aie faites pour cela.

Première Séance.

Après avoir imploré, en commun, les lumières du St Esprit, par les prières accoutumées, et y avoir ajouté une invocation à la Ste Vierge, Mgr a fait asseoir tous les ecclésiastiques présents, s'est assis lui-même, en laissant debout M. le Curé des Lucs et moi qui, pour n'être pas au-dessus de nos juge et accusateurs et plus élevés qu'eux, avons été obligés , sans qu'on nous le dise , de nous asseoir de nous-mêmes , un peu éloignés , sur de modestes chaises. Sa Grandeur m'a demandé la citation à moi envoyée ; je l'ai remise ; on l'a lue ; j'ai voulu la reprendre comme pièce m'appartenant et dont j'avais bien payé le port ; on me l'a refusée. J'ai voulu poser plusieurs questions préjudicielles et de forme ; on m'a écouté un instant, puis après, on m'a ôté la parole.

Je voulais, et c'était mon droit bien naturel, que tout ce qui se dirait fût écrit ; que je fusse appelé à le signer, ou à motiver mon refus de signature ; que l'on me donnât une copie de tout bien exacte et bien formalisée ; que les mêmes personnes qui avaient concouru au premier jugement, fussent élaguées, comme trop intéressées à le maintenir ; prouver que je n'étais pas contumax, puisque, la première fois, on m'avait jugé sur pièces, ce que le jugement rendu en premier lieu , constate plus qu'il ne faut, puisqu'il analyse bien au long et veut refuter , une par une toutes mes raisons formulées en deux lettres de défense ; qu'en vertu de l'axiôme *non bis in idem*, Mgr ne pouvait plus me juger sur mes prétendues injustices, puisqu'il l'avait fait , dans sa première ordonnance qui avait confondu et mis sur la même ligne, les trois chefs d'accusations : la foi, la moralité et la probité , *sans avoir fait de reserves à fin de poursuites ;* que le Tribunal était témoin, accusateur, juge et partie tout ensemble ; que mes accusateurs étaient trop passionnés ; qu'un petit hobreau , expression maladroite , mais vraie de tous les sentiments de la coterie envers moi , avait porté le vertige de la passion jusqu'à m'attendre, pendant une demi heure, en guet-apents, à la porte de l'église , et que , là , en face d'au moins 50 témoins, sans provocation aucune , il m'avait , en me tutoyant, et en me repoussant à coups de poings dans la poitrine , couvert la figure de crachats , pendant un quart d'heure et conspué de la manière la plus indigne , sans que j'aie soufflé mot, pas même essuyé sa bave noblement hydro-phobique ; que, pour sa récompense, il a communié, deux jours après. J'ai voulu rappeler ces principes de droit ; mais on m'a ôté la parole.

Immédiatement après, mon honorable confrère , M. Guérineau , Curé de Mareuil, a tiré de sa poche, un énorme rouleau de papier , presqu'*infolio,* contenant bien 60 et quelques feuillets. C'était un long réquisitoire, dont la lecture a bien duré trois grandes heures. Je n'ai pu, avec, sans doute, tous les honorables assistants, l'écouter jusqu'au bout, sans une foule de distraction. J'ai seulement remarqué que cette pièce peu charitable, injuste même , respirait, au suprême degrè , le zèle contentieux et la dure acrimonie d'un Procureur général qui veut faire sa cour et gagner ses éperons. Tout l'exorde était le panégyrique juste, pompeux et bien mérité des hautes vertus de notre saint, bon , savant et très aimé Prélat. Mon bien cher confrère avait jeté, avec profusion et à pleines mains, toutes les fleurs de sa rhétorique, qui embellissaient ce morceau , mais qui n'avaient pas bonne odeur pour mon nerf olfactif. Avec le compas de la logique , il avait amassé et mesuré tous les arguments et les raisonnements de la philosophie. Mais, ce bel édifice, bâti si artistement, embelli de toutes les parures du beau langage, n'était qu'un brillant château de glaces, construit sur le mensonge et qu'un seul rayon du soleil de vérité devait faire fondre et couler de toutes parts. Il était échaffaudé sur de faux principes et appuyé sur des bases mal assises. Il était fondé sur ce seul argument, à savoir que j'avais volé la Fabrique, parce que le père Denis avait donné beaucoup plus que moi. Comme si ce n'était pas là qu'une simple induction, jugeant par analogie, pure supputation, bien insuffisante, sans doute, pour constituer une preuve matérielle, toujours et absolument nécessaire pour condamner un pauvre Curé à la plus grande peine possible : *la déposition*, pour l'anathématiser, l'excomunier comme voleur, exacteur, concussionnaire, simoniaque, sacrilège, *homicide*!...

Puis l'excellent confrère, encore par une commode figure de rhétorique, la réticence, en comparant le chiffre du père Denis avec le mien, ne disait point, pour mieux en faire ressortir l'énorme différence, que le généreux Missionnaire donnait à la Fabrique, tout le produit des cierges et du drap mort., tandis que moi, d'après le tarif, j'en rétena s la moitié. Il mettait la moyenne des cierges à 12 pour tous et chaque office, sans exception, tandis qu'en réalité, elle ne peut être que de 6 ou 8 au plus. Que le père Denis faisait payer le son des cloches, 2 fr. au moins par chaque cérémonie, lesquels joints aux 6 fr. des 12 cierges, faisaient 8 fr. de plus par chaque office Ce chiffre devait donc excéder le mien de beaucoup. Puis le père Denis ne payait rien, tandis que je payais une foule de petits objets. Puis encore, pendant l'administration temporaire du père Denis, il y a eu une recrudescence de morts inaccoutumée. Par un autre abus de langage, M. le Curé de Mareuil, en opposition avec tous les budgets, élevait le chiffre total des recettes à 1,800, à 1,900 fr. et même au-delà de 2,000 fr. tandis que le jugement rendu, contre moi, faisait la Fabrique très riche, en lui donnant 1,500 fr. de rentes au plus. Avec un tel système et une semblable manière de compter, il n'aurait pas été bien difficile de me trouver voleur.

Je dois dire et je dis que, même en admettant la manière de juger par induction et analogie, il faudrait accuser et condamner, comme moi, la plupart des Curés du Diocèse ; car il en est peu, si même il en est quelques-uns, qui, à la tête de paroisses beaucoup plus grandes, plus riches et plus pieuses que la mienne, donnent, pour le produit des cierges, plus de 146 fr. que mes accusateurs mêmes me font verser, tous les ans. Puis encore, il est peu de Fabriques dont le revenu total, ce sont mes juges qui le disent, s'élève à 1,500 fr. que reconnaît le jugement rendu contre moi, en assurant que, par là, la Fabrique est une des plus riches du Diocèse.

Je dois dire et je dis que tous les raisonnements et calculs de mon honorable confrère, le Curé de Mareuil, portaient à faux ; qu'ainsi s'écroule, comme un château de cartes, ce travail si bien élaboré, cet échafaudage élevé avec tout l'art oratoire, ce réquisitoire prononcé avec une si belle et si brillante élocution, cette pièce si parfaite en tout, si elle n'avait pas péché par les bases. J'ajoute que tout était noyé dans une admirable phraséologie, dans un déluge, dans une avalanche de mots très fleuris, très sonores, très bien arrangés, et si nombreux que la lecture en a duré trois heures entières, lecture dont le ton et l'accent harmonieux étaient propres à endormir, comme une douce et suave musique, non-seulement l'intelligence de gens déjà fatigués, mais encore bien mieux le gros bon sens de pauvres idiots comme moi, à cerveau lourd et obtus. Le lecteur lui-même, n'a pas pu terminer tout d'un trait; il a demandé et obtenu deux ou trois haltes, soit pour nous donner le tems de goûter et digérer ce qu'il avait dit, soit pour reposer ses poumons fatigués et sa tête qui lui faisait mal, et la mienne donc !.... La lecture terminée, grand midi sonné, tout le monde s'est levé, mis à genoux et a récité les prières d'usage, en commun ; mais, ici, la Communauté s'est dissoute, et s'il y a eu communauté de prières, il n'y a pas eu communauté de *Benedicite*. MM. du Tribunal ont dîné à l'Évêché, et le pauvre Curé des Lucs et moi sommes allés bien humblement chercher et payer bien cher, à l'auberge, notre maigre et triste pitance. La deuxième séance a été fixée à trois heures.

<h3 style="text-align:center">Deuxième Séance.</h3>

A trois heures précises, nous montons à l'audience ; nous trovons les mêmes membres du Tribunal présents, excepté M. le Curé de Luçon, empêché, nous a-t-on dit. Après les prières accoutumées, Mgr m'adresse la parole, et tout d'un coup, *ex abrupto*, sa grandeur me dit : vous avez entendu le promoteur ce matin, qu'avez-vous à répondre? A cette question inattendue et qui m'a paru captieuse, j'ai répondu qu'il était impossible, à moi, comme à quiconque des membres présents, comme à Mgr lui-même, de rappeler, un par un, les différents chefs d'accusations, semés çà et là et couverts par une multitude innombrable de mots, dans une pièce lue, depuis au moins 4 heures, et dont la lecture en avait bien duré 3. Mgr a répété trois fois sa question; trois fois, j'ai répété que personne, pas plus que moi, n'était en mesure de répondre, même sommairement, à des charges que je n'avais pu saisir et arrêter à la volée, au fur et mesure qu'elle s'échappaient de la bouche du lecteur, fondues et cachées dans des nuées de paroles, prononcées dans la matinée et depuis long-tems; qu'il me semblait de la loyauté et de la bonne justice d'arracher, du long réquisitoire, où ils étaient si bien enveloppés, et de formuler, avec précision, pour que je pusse y répondre catégoriquement, les différents chefs d'accusations que l'on fesait peser sur moi. Je me suis retranché là parce que je me croyais tout-à-fait dans mon droit. Mgr a dit qu'il allait m'interroger; mais, au milieu de ses interrogations, qui tournaient toujours à peu près dans le même cercle, sa Grandeur paraissait distraite, préoccupée, au point que, plusieurs fois, s'adressant à ses voisins, elle était obligée de leur demander: où en sommes-nous? que disions-nous?.....

Dans un de ces moments distraits et languissants, elle nous a annoncé que l'Archevêque de Bordeaux avait été condamné, à Rome; que le Souverain Pontife avait approuvé sa manière de juger *de conscientiâ informatâ*; qu'elle pouvait dire à un de ses Curés : je vous condamne, sans être obligé de vous dire ni pourquoi , ni comment ; que le Préfet, que le Ministre, que le Métropolitain lui-même s'en mêlent, je ne dois compte ni aux uns, ni aux autres, pas même au condamné; Dieu et ma conscience , voilà tout; *conscientiâ informatâ !* cette pensée paraissait beaucoup plaire à Mgr; il s'en nourrissait avec délices , et pourtant quel intolérable despotisme !... Les prêtres qui vivraient sous une telle autorité, seraient plus malheureux que les noirs de nos colonies. J'ai demandé, plusieurs fois, si cette singulière manière de juger était approuvée de la Cour de Rome , en ce sens que l'Evêque pouvait, par là, faire d'une simple suspense, essentiellement temporaire, une censure indéfinie dans sa durée, et par conséquent une véritable déposition de fait, ou si le Pape entendait, par cette manière de procéder que, dans certains cas rares et tout-à-fait exceptionnels, l'Evêque, par des raisons graves, à lui seul connues, pouvait porter une suspense momentanée et transitoire, comme simple punition, par précaution, par provision, sauf à juger ensuite régulièrement et le plus promptement possible, enfin comme dans le civil, on inflige la prison préventive, à un accusé non convaincu. Je n'ai jamais pu obtenir , à cette question faite plusieurs fois, une réponse positive et catégorique. Et pourtant on aurait dû me donner non seulement une réponse, mais une copie exacte de la décision pontificale. Ce qui m'a fait adresser cette question, c'est que, la veille, Mgr m'ayant lu une partie, mais seulement une partie de cette décision , j'a parfaitement entendu ces mots : *si poniteat* , qui supposent nécessairement celui-ci que j'ai cru saisir au vol et mal prononcé : *restituatur.* Ce qui serait une réponse dans mon sens. Le Métropolitain vient de me marquer depuis qu'il n'a rien reçu de Rome, à ce sujet !....

La séance languissant toujours, le promoteur a produit un certificat de M. Bossis, attestant que Mme v^e Bossis, sa mère, ne prenait point d'argent dans le vieux fauteuil de la sacristie et que seul j'en avais la clef; au même instant, j'ai montré un certificat bien en formes, de M. Bossis encore, constatant tout le contraire. Mais le premier était de M. Bossis, maire, membre du Conseil de Fabrique et mon ennemi connu, tandis que le second était de M. Bossis, juge de paix, non intéressé dans l'affaire et tout-à-fait impartial. On a encore produit des attestations des religieuses; mais ces pauvres filles , si tristement célèbres , et si compromises dans cette affaire, n'auraient-t-elles pas mieux fait et bien plus sagement de ne pas déchirer le voile de charité qui les enveloppe, de garder un silence réservé et prudent , et de ne pas me forcer à produire, au grand jour , des témoignages écrits tout entiers de leur main et dont la publicité ne manquerait pas de leur rendre une exacte justice, en les ensevelissant sous les ruines de leur pauvre maison et de toute leur congrégation , peut-être plus pauvre encore. Elles n'auraient pas dû oublier que je pourrais bien leur apprendre la science, si nécessaire pour elles, de rougir, ni le vieux proverbe vulgaire, mais bien vrai : *ne réveillez pas le chat qui dort.*

Mgr, encore par hors-d'œuvres et pour soutenir la séance, a dit que mes créanciers (c'est son expression), c'est-à-dire, ceux que j'aurais volés par des exactions simoniaques, avaient donné leur procuration, à la Fabrique, pour me poursuivre. Il a dit que cette procuration donnée se trouvait au dossier. Il a ordonné de la chercher; on l'a fait; mais elle n'y était pas. Et comment comprendre, en effet, qu'une Fabrique qui ne peut pas poursuivre dans ses propres intérêts, pût poursuivre, par procuration, dans les intérêts des autres ?... J'aurais pourtant bien désiré et désire encore vivement que le fait fût possible. J'aurais au moins la publicité des tribunaux que je demande si instamment. Le citoyen Laroche qui était là seul, en apparence, pour représenter la Fabrique, mais en réalité, pour faire tapisserie, n'a ouvert la bouche que très rarement. Interpellé par Mgr qui m'avait rudement gourmandé de ce que nous n'avions pas de coffre à 3 clefs, pour dire si ce meuble existait aujourd'hui, le citoyen Laroche, après avoir hésité, avec un air confus et embarassé, a dit, entre ses dents : non, Mgr, pas encore, mais on y a pensé.... Je m'abstiens, ici, de toutes réflexions.... Y aurait-t-il encore des voleurs dans la fabrique?... Je passe plusieurs petits incidents et viens au fait principal et seul important de la séance.

Mais comment peindre ce fait incroyable, invraisemblable et pourtant vrai ? Comment en est-on venu, sans transition aucune, d'une extrême sévérité à une extrême douceur, d'une roideur outrée à une souplesse étonnante, de la menace à la prière, du châtiment à la récompense ? C'est parce que les extrêmes se touchent presque toujours; c'est que, quand on veut être trop dur, on devient trop mou, quand on veut être trop grand, on devient trop petit; quand on veut monter trop haut, on tombe trop bas; quand on s'appuie sur le faux, on se trouve en contradictions; c'est que souvent *desinit in piscem mulier formosa supernè.* Je l'ai dit, le vénérable Curé de Luçon était absent; il arrive tout-à-coup, au milieu de la séance; il écoute quelques minutes, mais avec distractions, les paroles fades et traînantes qui se prononçaient, et attachant plus d'importance au noble élan qu'il allait donner et à la généreuse initiative qu'il allait prendre, convaincu, sans doute, de l'indignité des accusations que son esprit juste et son bon cœur surtout, lui faisaient considérer dans toute leur l'aideur et leur hideuse méchanceté, poussé d'ailleurs par un sentiment profond de louable équité, dans l'intérêt de la religion, de l'église, de la justice, autant que dans celui bien connu de l'amour de ses confrères injustement opprimés; ce prêtre noble, grand et généreux, sans crainte de faire descendre l'autorité du haut et raide tribunal de juge où elle s'était malheureusement placée, débordé, sans doute, par tous les beaux sentiments qui font son être et que tout le monde lui connaît, me regarde, s'émeut, se lève, me tend les bras et s'écrie: allons, mon cher Piveteau, plus de chicanes, plus d'accusations, plus de procès.... il faut se jeter entre les bras de ce bon père; il faut faire acte de complète abnégation, le bien de la religion, le vôtre le demandent: à ces nobles paroles, prononcées avec chaleur, amour et conviction, tout est arrêté, tout est fini. Tous les membres du tribunal, Mgr lui-même galvanisés, entraînés par le sentiment trop long-tems comprimé d'une justice qu'on veut me rendre enfin , changent les traits austères et factices de leur figure composée, raide et sévère, descendent de leur chaise curule et tous, comme un seul homme , partagent , par un incroyable magnétisme, avec un vif enthousiasme et un zèle commun, les sentiments exprimés, contents, sans doute, d'échapper , par cette heureuse issue, à la dure nécessité et à la cruelle alternative ou de compromettre l'autorité si malheureusement engagée , ou de condamner un confrère si injustement accusé.

La bonté, la douceur, la prévenance, l'affection et l'amour remplacent aussitôt les sentiments de répulsion et d'accusations hostiles dont j'étais le malheureux et trop injuste sujet. On m'entoure , on me sollicite, on me presse, on insiste, on revient à la charge, sans pouvoir entamer mon énergique et juste résistance que, dans certains cas , je mets au rang d'un véritable devoir. On ne se lasse pas, on ne perd pas patience. Tous mes confrères, tantôt les uns après les autres, tantôt simultanément, fondent de nouveau sur moi , sans vaincre la passivité énergique que je crois devoir leur opposer tour à tour. Mes amis les plus intimes essaient aussi eux l'empire de leur amitié , à laquelle je n'ai jamais su résister ; mais tous ces éléments de succès échouent devant ma résolution murie et prise depuis deux ans, et que je crois parfaitement canonique, raisonnable et dans mon juste droit. Enfin , et c'est la dernière ressource , on se parle bas et on se dit : sortons , sortons, laissons-le seul avec Mgr ; ils vont s'arranger tous deux.

Je reste seul avec le Prélat ; petit avec le grand , faible avec le fort, inférieur avec le supérieur, pauvreté avec richesses, humiliation avec grandeur , atôme avec puissance, prêtre avec Evêque , accusé, condamné avec juge, et je ne faiblis pas !... C'est que je sentais bouillonner en moi, et me soutenir, toute l'énergie dont Dieu m'a doué, et surtout la force de l'inocence si indignement calomniée et contre laquelle sollicitations, prières, promesses , menaces, devaient venir tour à tour et inutilement se briser. La porte restée entr'ouverte, permettait à mes confrères , d'être les témoins de la scène muette, mais bien éloquente, de ce qui se passait entre mon Evêque et moi. Voyant cet expédient inutile, encore, ils entrent. Le combat de sollicitations d'un côté et de résistance silencieuse de l'autre , s'engage de nouveau , avec des dehors plus séduisants et de plus brillantes promesses encore : donnez-moi votre démission ce soir , et , si vous craignez les regrets , me dit l'excellent et rusé Prélat , je jure, devant ces Messieurs , que je vous la rends demain. Mais le moyen le plus sûr de ne pas courir inutilement après un oiseau envolé , est de ne pas ouvrir trop tôt la porte de sa cage.

Mgr m'assure 800 fr. de pension , la levée de la suspense , le droit de dire la Messe, d'exercer les fonctions curiales, une autre paroisse, si je la désire et même le partage de son palais et de son revenu! Offres bien séduisantes , il est vrai, pour un coupable justement puni, mais bien loin de payer l'honneur d'un honnête homme terni , et l'innocence d'un prêtre infernalement calomnié. Malgré les instances répétées de mes amis les plus chers , je refuse tout. Eh? pouvais-je , en effet, vendre, pour quelques misérables écus, qu'on ne m'aurait peut-être pas payé longtems, et pour des pouvoirs bien précaires qu'on m'eut bientôt enlevés, mon honneur attaqué, condamné, perdu, et justifier, par un vil mutisme, qu'on ne m'imposera jamais, les horribles calomnies, vomies, contre moi, dans l'ombre, d'où l'on s'entête à ne pas vouloir les arracher ?

A mon refus opiniâtre et bien motivé, Mgr a poussé l'extrême bonté jusqu'à verser de grosses larmes, à la vue desquelles mes confrères me disaient piteusement : regardez-donc comme le bon Prélat pleure !... J'avoue qu'à ce spectacle étonnant et inattendu, j'ai ressenti une foule d'émotions indicibles et dont je ne démélais pas bien la nature. Mais toujours fixe et ferme dans mes convictions très-justement fondées , toujours avec mon caractère défiant et soupçonneux, toujours à l'école d'une dure expérience , toujours pauvre Troyen contre de rusés Grecs, je ne me suis pas senti la moindre velléité de reculer d'une semelle et de faire la plus légère concession. Dans le cercle de mes idées bien arrêtées et pour me débarrasser d'obsessions qui m'étouffaient, j'ai pourtant demandé du temps pour réfléchir, voulant donner, à mes actes, dans une aussi grave circonstance, toute leur vertu morale , par une véritable spontanéité. Pouvais-je , en effet, agir avec mérite, sous le manteau de plomb et d'ignominie dont on m'a couvert? Ne faut-il pas , avant tout , que l'on me rende une éclatante justice , que l'on répare le mal affreux que l'on m'a fait et que l'on me donne tous les moyens possibles de confondre mes misérables accusateurs avec leurs misérables accusations? Et comment d'ailleurs a-t-on pu vouloir traiter avec un anathématisé, un excommunié juridiquement ?... Et comment, au lieu de le punir, veut-on récompenser, presque malgré lui, celui que l'on a condamné comme voleur, exacteur, concussionnaire, simoniaque, sacrilège, *homicide?*...

Il est bien difficile de donner à cet incroyable problème, d'autre solution que la suivante : les passions ne raisonnent pas. Elles ne savent même pas bien se satisfaire. On m'a jugé *abirato*, sans me croire coupable. On a pensé que je plierais sous le poids du jugement, de la calomnie et de la flétrissure. On s'est vu dans l'erreur sur ce point. Pour s'en tirer, on s'est jété dans une autre erreur pire encore et d'où l'on ne sortira que par la raison du plus fort. Mais on n'étouffera jamais ma voix, et je crierai toujours et partout: si je suis innocent, pourquoi me persécutez-vous ? pourquoi me calomniez-vous? vous faites le plus grand de tous les crimes! Si je suis coupable, pourquoi me récompensez-vous? pourquoi descendez-vous jusqu'aux promesses les plus séduisantes, jusqu'à la prière, jusqu'aux larmes?...

Car il est prouvé, par cette séance, que les rôles ont été changés ; que les juge et accusateurs sont devenus suppliants, et que, par là même, l'accusation a été abandonnée. Pouvait-on, en effet, le faire plus éloquemment et d'une manière plus formelle? Quoiqu'il en soit, je ne m'étonnerais pas, connaissant les gens à qui j'ai affaire, que, honteux de leurs démarches inutiles, craignant, avec raison, que je m'en prévale pour ma justification , voulant couvrir une défaite humiliante surtout quand on a employé, en pure perte, tous les éléments de séduction les moins honorables, je ne m'étonnerais point, dis-je, que, pour s'indemniser d'une pénible et honteuse déception, on voulût encore poursuivre une déplorable affaire qu'avec un peu de prudence et surtout de justice, on n'aurait jamais dû soulever.

Il m'est, en effet, revenu qu'aujourd'hui, Mgr voulait porter un jugement *modifié*. Que serait ce jugement *modifié*? pourrait-on me l'appliquer? est-on coupable avec *modifications*? je suis voleur, ou je ne le suis pas. Si je suis voleur, il faut me punir, sans *modifications*: si je ne le suis pas, il me faut une éclatante réparation. On voudrait, sans doute, retrancher, du premier jugement, ce qu'il y a d'absurde, de rédicule, d'anachronisme, de violent, d'outré dans les termes, ce qui fait presque honte; mais on maintiendrait le fonds. On ferait disparaître le voleur, l'exacteur, le concussionnaire, le simoniaque, le sacrilège, l'*homicide*, l'excomunié, l'anathématisé, mais on confirmerait la *déposition*, à laquelle seule on tient. On corrigerait les premières et absurdes fautes de chiffres, en profitant de ma réponse imprimée qu'on m'a volée, à la poste. Il y a eu à ce sujet, un commencement d'instruction judiciaire. En un mot, on réformerait le premier jugement trop incroyable pour être cru; on en ferait un autre moins déraisonnable, et toujours suffisant pour me *déposer*. Mais je répéterais toujours: si je suis innocent, pourquoi m'attaquez-vous? Si je suis coupable, même dans un seul point, beaucoup moins que vous ne le pensiez d'abord, et avec toutes les *modifications* possibles, pourquoi voulez-vous me récompenser? *Si malè locutus sum, testimonium perhibe de malo; si autem bené, quid me cœdis?* Cet acharnement à me poursuivre, serait seul ma justification.

Il faut que je revienne, ici, sur le réquisitoire de M. le Curé de Mareuil et sur sa manière de prouver que je suis voleur. Il dit que j'ai volé parce que, et c'est sa seule raison, le père Denis a donné plus que moi; je réponds, je répète et soutiens que ce n'est pas et que ce ne peut pas être là une preuve. Tout le monde le comprend comme moi. Ensuite, et par un habile tour de gobelet, il escamote toute la part qui revient au père Denis et la met dans la recette de la Fabrique. Puis, contre tous les budgets qui lui donnent au plus 1,500 fr. de rentes, contre mes accusateurs eux-mêmes qui la font très riche avec ce revenu, il élève les recettes totales à 1,800, à 1,900 fr. au-delà même de 2 000 fr. Mais pour prouver que j'ai volé, il pourrait donc à volonté, élever tout ensemble, à un chiffre arbitraire et indéfini, et la perception du père Denis, et les revenu de la Fabrique! Et encore une fois, quand il le ferait, cela ne prouverait rien. Y a-t-il là bonne foi, je le demande? Y a-t-il là preuve pour me condamner comme voleur, exacteur, concussionnaire, simoniaque, sacrilège, *homicide*, anathématisé, excomunié, *déposé*, pour me condamner même avec *modifications*?... Non, mille fois non, autrement il faudrait stigmatiser des mêmes infâmes et injustes flétrissures, mettre en jugement et condamner à la même peine, les 19/20es de mes honorables confrères qui, avec des paroisses plus grandes, plus riches et aussi pieuses, donnent encore moins que moi.

Si quelqu'un voulait révoquer en doute les faits incroyables, mais pourtant bien vrais que je consigne ici, j'ai, pour témoin de la vérité, M. le Curé des Lucs, mon confrère, reçu par Mgr comme témoin assistant et qui signe avec moi. Tous les membres du tribunal n'oseraient pas nier. J'en appellerais au citoyen Laroche lui-même, à qui l'on a fait le signal de sortir, quand on a voulu tourner au sentiment, quand on a vu la question se résoudre en sollicitations et en promesses. Il en a vu au moins le commencement et la mise en scène. Mais la preuve la plus certaine, à laquelle il n'y a pas de réplique, et que je garde comme pièce matérielle et de conviction, est une lettre d'un Vic. gén. mise à la poste avec *P. P.*, arrivée presque aussitôt que moi, à Rocheservière et qui contient sommairement les faits que je signale, avec ces mots : *je suppose, ce qui est loin de ma pensée comme le ciel l'est de la terre, que vous avoueriez, par cette démarche, que vous êtes coupable, etc....*

J'insulte, m'a-t-on dit, à Luçon, la Fabrique composée de gens les plus honorables, et Mgr lui-même ; mais la Fabrique, quand elle m'accuse, et Mgr, quand il me condamne publiquement comme voleur, exacteur, concussionnaire, simoniaque, sacrilège, *homicide*, anathématisé, excommunié, sont-ils donc bien justes, bien honnêtes et bien polis ? Ne suis-je pas tout-à-fait en légitime et trop légitime défense ? Si mes expressions sont énergiques, en est-il une seule qui sorte des bornes du respect et des convenances ? Honni, acculé, poussé au désespoir, insulté, conspué, flagellé, torturé, pressuré, accablé d'injures, d'oppropres et d'atroces persécutions, accusé, condamné et attaché au carcan de l'opinion publique comme voleur, exacteur, concussionnaire, simoniaque, sacrilège, *homicide,* excommunié, anathématisé, j'ai souffert, depuis deux ans, dans mon corps et dans mon âme, toutes les tortures physiques et morales possibles, avec une grande résignation et une patience jobinique. Mais, si aujourd'hui, je me défends avec énergie et tout le respect que je dois à l'autorité, mes bourreaux s'irritent encore, en disant que je suis un insolent en révolte, et faisant du scandale ?.... En vérité que voudrait-on donc ? que me demande-t-on de plus ? Faudrait-il, dans une obéissance aveugle et passive, prêter stupidement le dos pour recevoir les coups portés ? Faudrait-il moi-même préparer mon col, le placer sur le billot sans me plaindre, et tirer la corde ? Mais ce serait du lourd et stupide abrutissement, plus deshonorant encore pour le pouvoir qui commande que pour l'inférieur qui obéit. Je souffrirai que l'on me crache encore à la figure ; mais que l'on m'appelle voleur, jamais ! dût-on me broyer sous la roue du plus brutal despotisme !....

Rocheservière, le 15 mai 1848.

PIVETEAU,
Curé de Roch^{re}.

« Je soussigné témoin assistant approuvé de
« Mgr lui-même, atteste l'exactitude réelle des
« faits contenus dans la narration ci-dessus.

« Aux Lucs, le 18 mai 1848.

« **P.-C. GUITTON,** P^{tre}. »

Mes prévisions, tout incroyables qu'elles devaient paraître, viennent de recevoir une triste réalisation. On m'adresse de Luçon, une nouvelle citation péremptoire, pour le 20 juin!... J'avoue que ce fait inqualifiable me frappe d'un profond et douloureux étonnement, d'une peine bien sensible, plus encore pour l'autorité qui s'oublie, et se perd, que pour moi qu'il ne peut guères atteindre. Mais ce qui m'attère, ainsi que ceux qui connaissent ce qui a eu lieu, à Luçon, c'est qu'on affirme, dans cette inconcevable citation, un faux matériel, monstrueux, abominable, facile à constater, et qui prouve, de la part de l'autorité, une véritable obsécation. Malgré la peine bien vive que j'éprouve à découvrir les faiblesses et la nudité d'un père, je me trouve dans la cruelle nécessité de relever, ici, ce faux, avec tout le respect que je dois, mais en même tems, avec toute l'énergie de la vérité si indignement outragée.

On assure que je suis parti quelques heures avant la *séance indiquée*, pour éviter, sans doute, le coup qui devait me frapper! mais, si j'ai voulu éviter la sentence, par une *fuite précipitée*, pourquoi ne ma-t-on prs condamné de suite et sans désemparer? Pourquoi, encore aujourd'hui, attend-on deux mois, pour recommencer? Pourquoi, quand je suis parti, *en disant adieux*, ne ma-t-on pas fait la moindre observation? Pourquoi n'a-t-on pas pris des conclusions contre moi? Pourquoi ne m'a-t-on pas dit de ne pas partir? Pourquoi ne m'a-t-on pas dit que mon affaire n'était pas finie? Pourquoi ne ma-t-on pas dit qu'il y aurait une autre séance? Pourquoi, dans la dernière, n'a-t-on pas fixé le jour et l'heure de la suivante? Pourquoi le Vicaire-Général, qui m'a écrit dès le jour même, ne me dit-il pas un mot ni de cette séance, ni de ce que je me suis *sauvé*? Pourquoi sa lettre, qui contient sommairement toutes les promesses qu'on m'a faites, se borne-t-elle à me supplier de donner ma démission? Pourquoi ajoute-t-il qu'on *est aussi éloigné de croire à ma culpabilité que le ciel l'est de la terre?* Pourquoi, si on avait indiqué une autre séance, presque tous les Membres du tribunal se sont-ils *sauvés* comme moi? Pourquoi surtout mon témoin assistant et approuvé par Mgr, a-t-il tant souffert de voir l'autorité en venir, pour me gagner, jusqu'à des larmes que je n'ose appeler perfides? Pourquoi, sans craindre ni de se compromettre, ni redouter le courroux du pouvoir, m'a-t-il donné un certificat qui porte que, forcé par sa conscience et malgré son respect profond pour l'autorité, il est obligé de constater que, non seulement il n'y a pas eu de *séance indiquée*, mais que, d'après ce qui s'était passé dans la dernière, il ne pouvait même pas y en avoir, tant l'accusation était évidemment et éloquemment abandonnée? Ces faits sont trop significatifs. Ils parlent trop haut. Je m'abtiens de toutes réflexions!...

Rocheservière, le 28 mai 1848. **PIVETEAU**, Curé de Roch.^{re}

« Pour rendre hommage à la vérité et pour l'acquit de ma conscience, je suis
« forcé, ici, malgré tout le respect que je professe pour l'autorité, de constater que,
« non seulement il n'y a pas eu de séance indiquée pour le lendemain, mais même
« qu'il ne pouvait pas y en avoir, d'après ce qui avait eu lieu dans la dernière.

« Aux Lucs, 26 mai 1848.   **P.-C. GUITTON**, P^{tre}
« témoin approuvé. »

Nota. Il est dit, dans la citation dernière, que le jugement du 16 août est main-tenu ; dans ce cas, je maitiens ma réponse du 27, même mois, qui le pulvérise et qu'on a jamais pu réfuter.

Dira-t-on que l'accusation n'est pas abandonnée, parce qu'il n'y a pas de jugement d'annulation rendu ; mais, je le demande, n'y a-t-il que ce mode d'abandonner une accusation ? A-t-on même pu y penser, dans la dernière séance qui a été employée toute entière en prières, en supplications, en promesses et en expédients de tout genre ? Un juge d'ailleurs qui, avec tout son tribunal, se borne à conjurer un accusé d'accepter les plus brillantes récompenses, n'abandonne-t-il point l'accusation, par là même, cent fois plus éloquemment que par une formule de jugement froide et toute de formes ? Cet abandon moral et si expressif, ne vaut-il point cent fois mieux que la lettre sèche et morte d'une ordonnance purement de mots ? N'est-ce pas ici le cas de dire : *Littera occidit, spiritus vivificat ?*

PROTESTATION.

Avec tous le respect que je dois à l'autorité, mais, en même tems, avec toute l'énergie de la vérité indignement outragée et de l'innocence injustement accusée, je proteste contre la citation péremptoire que j'ai reçue, pour le 20 juin, parce que

1° Dans l'audience du 26 avril, on a refusé de souscrire aux demandes bien légi-times que je voulais faire et qui étaient ainsi formulées : tout ce qui sera dit de part et d'autre, sera écrit ; je serai appelé à le signer, ou à motiver mon refus de signature ; on me donnera de tout une copie exacte et bien formulée ; les mêmes personnes, qui ont concouru au premier et incroyable jugement, seront élaguées, comme trop intéressées à le soutenir ; il faut constater qu'on n'a pas voulu appeler directement les témoins que j'ai demandés ; je prouverai que je ne suis pas contumax, puisque d'abord on m'avait jugé *sur pièces*, ce que le premier jugement constate surabon-damment, en cherchant à réfuter, une par une, toutes mes raisons, formulées en deux lettres de défense ; en vertu de l'axiôme *non bis in idem*, Mgr ne peut plus me juger sur mes prétendues injustices, puisqu'il l'a fait, dans sa première ordonnance, qui confond et met sur la même ligne les trois chefs d'accusations : la foi, l'immo-ralité, *la probité*, sans avoir fait de réserve à fin de poursuites ; le Tribunal est témoin, accusateur, juge et partie tout ensemble, je recuse mes accusateurs, comme violemment passionnés (Histoire du jeune Hobereau) ;

2° Je proteste, parce que je me suis présenté et ai rempli toutes les conditions prescrites, à l'audience du 26 avril dernier ;

3° Parce que, dans cette audience, tout a été bien terminé, l'accusation absurde et infâme, reconnue injuste et bien éloquemment abandonnée ;

4° Parce que, dans cette audience, au lieu de me juger, de me punir, on m'a surabondamment absous, en voulant me récompenser, presque malgré moi, de 800 fr. de pension, de la levée de la suspense, des pouvoirs curiaux et d'une paroisse, si je le voulais ;

5° Parce que toutes ces promesses ont été faites avec les plus vives instances, par tous les Membres du tribunal, par Mgr lui-même ;

6° Parce qu'il n'est pas dans le droit, pas même dans le bon sens, de récompenser un accusé, au lieu de le punir, à moins qu'on ne veuille reconnaître son innocence injustement attaquée, et lui donner, par là, une réparation toujours trop au-dessous du préjudice causé ;

7° Parce qu'on ne s'est pas borné à faire de simples offres, mais qu'on en est venu, pour les faire accepter, jusqu'à la prière, jusqu'aux larmes, après avoir épuisé tous les autres moyens de séduction ;

8° Parce qu'aujourd'hui on fait consister toute ma culpabilité dans mon refus de démission, puisque cette prétendue culpabilité disparaîtrait à l'instant même, et serait remplacée par les dons les plus brillants, si je voulais donner ma démission ;

9° Parce que, si je donne ma démission, je suis innocent et récompensé, si je la refuse, je suis coupable et voleur ;

10° Sans attacher trop de prix aux raisons ci-dessus, je proteste surtout et très-énergiquement contre l'inqualifiable citation que l'on vient de me signifier, parce que cette incroyable pièce contient un faux matériel, méchant, inique, insidieux et bien regrettable venant de l'autorité ecclésiastique ?... On dit, en effet, dans la citation, après le premier attendu, au second alinéa, que *le lendemain, jour où je devais être interrogé, je n'ai point comparu, étant parti quelques heures avant* LE MOMENT FIXÉ *à la fin de la séance précédente....* c'est-à-dire que, craignant le coup qui devait me frapper, j'ai honteusement pris la fuite, pour éviter une sentence de condamnation !... Mais, si, dans cette incroyable assertion, il n'y a pas un détestable faux,

Pourquoi ne m'a-t-on pas condamné de suite et sans désemparer ?

Pourquoi au moins n'a-t-on pas pris de conclusions contre moi ?

Pourquoi aujourd'hui encore attend-on deux mois pour recommencer ?

Pourquoi, quand je suis parti, *en disant adieu*, ne m'a-t-on pas fait la moindre observation ?

Pourquoi ne m'a-t-on pas dit de ne pas partir ? je ne l'ai pas fait furtivement, puisque j'ai fait mes adieux auparavant.

Pourquoi ne m'a-t-on pas dit que mon affaire n'était pas terminée ?

Pourquoi ne m'a-ton pas dit qu'il y aurait encore une autre séance ?

Pourquoi, dans la dernière, n'a-t-on fixé ni le jour, ni l'heure de la suivante ?

Pourquoi si on avait indiqué une autre séance, presque tous les Membres du tribunal se sont-ils *sauvés* comme moi ?

Pourquoi le Vicaire-Général, qui m'a écrit dès le jour même, ne me dit-il pas un mot ni de cette prétendue séance, ni de ce que je me suis sauvé ?

Pourquoi sa lettre, qui contient sommairement toutes les promesses qu'on m'a faites, se borne-t-elle à me supplier de donner ma démission ?

Pourquoi ajoute-t-il *qu'on est aussi éloigné de croire à ma culpabilité que le ciel l'est de la terre ?*

Pourquoi, si on a indiqué une autre séance, pourquoi tous les Membres n'ont-ils pas paru au jour et à l'heure fixés ?

Pourquoi surtout mon témoin assistant et approuvé par Mgr, a-t-il tant souffert de voir l'autorité en venir, pour me gagner, jusqu'a des larmes que je n'ose appeler perfides ?

Pourquoi, sans craindre de se compromettre, ni redouter le courroux du pouvoir, m'a-t-il donné un certificat qui porte que, non seulement il n'y a pas eu de séance indiquée, mais que d'après ce qui s'était passé dans la dernière, il ne pouvait même pas y en avoir, tant l'accusation était évidemment et éloquemment abandonnée ?

Pourquoi n'est-il aucun des assistants qui puisse nier un seul de ces faits ?

Je proteste de toute la force de mon âme indignée et j'en appelle à la conscience de tous les Membres du tribunal, à celle de Mgr lui-même !...

Je proteste encore, parce que, dans la profonde misère où l'on m'a si cruellement jeté, je n'ai pas, pour faire le voyage de Luçon, 30 ou 40 fr. à dépenser tous les deux mois, en logeant à l'auberge.

Je proteste encore, parce que la citation m'appelle aux environs de la Saint-Jean, époque où j'ai à faire un déménagement long et dispendieux.

Je proteste encore contre ce vil et ignoble faux, parce que l'on me fera jamais mépriser une autorité pour laquelle je professe le plus profond respect, ni haïr des supérieurs à qui j'ai voué un amour aussi tendre que sincère.

Je proteste encore contre la citation, parce qu'au lieu d'une nouvelle audience pour soutenir une stupide et infâme accusation, je demande, avec toute la force de l'innocence accusée et avec le cri le plus perçant de l'opprimé, une éclatante réparation qu'il faudra bien me donner, ou que je saurai bien, quoiqu'il m'en coûte, me donner moi-même.

Et pardessus tout, je prie Dieu de n'être jamais mis dans la cruelle nécessité de recourir à une regrettable publicité, devant laquelle la crainte d'un grand scandale pour la religion, me fait sagement reculer, depuis deux ans.

NOTA.

Si mon sacristain a répondu, à M. le Curé de Mareuil, que je ne lui avais pas recommandé de mettre à part les cierges destinés pour services et sépultures, il a aussi lui fait un faux. Il m'assure aujourd'hui avoir dit qu'il avait exactement suivi mes ordres. Il faudrait lui déférer le serment, ou plutôt, si le procureur général avait voulu y mettre de la loyauté, il aurait suivi les prescriptions canoniques et, au lieu d'agir en tapinois, quand il a eu l'air de faire une enquête, il aurait fait comparaître mon sacristain en ma présence, plutôt que d'exercer une pressure et une mauvaise influence, sur un pauvre homme que l'on a cent fois menacé de destitution et que l'on réduirait, par là, ou à se fourvoyer, ou a mandier son pain. Quoiqu'il en soit, on ne doit pas oublier que mon témoin, M. le Curé des Lucs, a dit, en pleine audience, que les cierges de la première communion suffisaient, chez lui, pour les sépultures et services. Cela doit être *à fortiori* pour Rocheservière, où la paroisse étant bien moins grande, il y a beaucoup moins de ces cérémonies.

Si le petit vicaire a parcouru la paroisse, pour s'enquérir de ceux qui m'avaient, ou ne m'avaient pas payé, je ne vois là qu'une augmentation de scandale, en pure perte ; car il n'a jamais pu obtenir, de mes débiteurs, une réponse négative qui leur eut trop coûté, en avouant qu'ils n'avaient pas payé depuis 3, 4, 6 et 10 ans, surtout aujourd'hui qu'ils ne redoutent plus l'autorité d'un pauvre Curé qu'on leur dit être voleur et qu'on a voulu flétrir de toutes les manières possibles. On aurait mieux fait ou de leur demander leurs reçus, ou de consulter mes registres. Il n'y a que ce moyen de légal. Puis encore une fois, toutes ces petites et puériles démarches ne prouvent qu'un grand acharnement et jamais que je suis voleur, surtout d'après ce qui a eu lieu, à Luçon, dans la dernière séance.

Si le citoyen de Baudry d'Asson se plaint d'avoir payé trop cher la sépulture de feu M. de Goulard, son oncle et son beau-père, c'est mal ; s'il a dit ne m'avoir pas chargé d'inviter les Curés voisins, c'est faux, ou il pouvait alors ne pas les payer. Il aurait dû dire qu'il a été trois ou quatre ans sans payer, à la Fabrique, les 400 francs donnés par le même feu de Goulard. Je ne sais s'ils le sont aujourd'hui. Si les Curés ont dit n'avoir pas été payés, par moi, suivant le tarif, c'est un crime. Si le citoyen de Tinguy niait qu'en pareille circonstance, il n'a voulu les payer qu'une fois, bien qu'ils eussent fait deux voyages pour sépulture et service, ce ne serait que contre la vérité. Dans toutes les cérémonies funèbres qui les regardaient, ces deux honorables citoyens ont toujours laissé, à moi seul, le soin et le plaisir de donner le dîner à mes confrères.

Pour être juste, il ne faudrait pas, comme le réquisitoire, masser toutes les recettes des cierges, du drap mort, et du son des cloches pour grossir les revenus de la Fabrique. Il y a là une insigne mauvaise foi. Il faudrait prendre une année de l'administration de mon pro... en retrancher la moitié avec le son des cloches, tenir compte de ce que je payais, puis l'on verrait. Et malgré tout, je répète, je maintiens qu'on ne ferait jamais une preuve suffisante et matérielle contre moi. Ce ne serait encore qu'une induction, une analogie, une supputation bien insuffisante.

Je finis par où j'ai commencé : avec tout le respect dû, mais, en même tems, avec toute l'énergie que je sens bouillonner dans mes veines, je proteste contre toutes ces misérables machinations, toutes propres à découvrir les faiblesses du pouvoir, mais infiniment éloignées de fournir l'ombre d'une preuve contre moi. Non, mille fois non, je n'ai jamais été, ne suis point, et, avec la grâce de Dieu, ne serai jamais voleur !.. Que le crime retombe de tout son poids sur mes trop coupables accusateurs !.. Je souffrirais qu'on me crache encore à la figure ; mais qu'on m'appelle voleur, jamais, dût-on me broyer sous la roue du plus brutal despotisme.

Rocheservière, le 4 Juin 1848.

PIVETEAU, Curé de Rocheserv.ère.

Voilà ce que j'ai payé avec une foule de petites choses que je ne me rappelle plus :

1° J'ai fait chantre pendant deux ans ;
2° J'ai acheté tous les meubles de la sacristie. Je ne me rappelle pas combien ;
3° Payé une partie de l'escalier de la tribune ;
4° Les crochets pour les cadres du chemin de croix ;
5° Un porte-verre pour l'huile de la lampe ;
6° Les tapis des autels et du pupitre ;
7° L'encens d'Arabie de marchands ambulants ;
8° Les budgets, les saintes-huiles, les frais du bureau et correspondance ;
9° Le vin pour les messes.

Qu'on estime tout cela approximativement. Je ne m'en rappelle plus le prix.

10° J'ai payé au sacristain, pour services arriérés............ 21 fr. » c.
11° Au chantre, pour idem................................. 8 » »

Je payais tous les ans :

12° Serv. de fond. pour M. Potin, curé......... 11 » 50
13° Serv. de fond. femme Echappé............ » »
14° Une corde de bois pour la sacristie...... » »
15° 9 grand'mes. de fond.................... 50
16° 5 mes. bas. de fond.................... » »
17° Un demi cent de genet pour sacristie.... » »
18° Pour raccommodage d'ornements à la Bar[illegible]..... » »

TOTAL............ 109 fr. » c.

Il faut ajouter la moitié des oblations à laquelle j'avais droit, d'après le tarif, et que je n'ai jamais prise.

Il n'y a de voleurs que ceux qui veulent me voler et me volent, en effet, ma réputation d'honnête homme !

Je ne peux pas être considéré comme contumax, puisque je me suis présenté. Puis je n'ai pas d'argent pour faire le voyage de Luçon et payer la dépense.

Toutes mes raisons se résument en celle-ci : J'ai été jugé pour mes prétendues injustices comme pour le reste, sans qu'on ait fait de réserves à fin de poursuites. Qu'on prenne l'ordonnance qui me suspend. Elle met même la foi en première ligne. Il y a donc évidemment chose jugée sur les trois chefs ; autrement on pourrait encore, dans un certain temps donné, me reprendre sur le chapitre de la foi ; que l'on pèse bien cette raison ; elle vaut toutes les autres à elle seule ; elle est de droit et péremptoire. (Consultation donnée par un savant en droit canonico-civil.)

N. B. Je ne recevrai désormais rien de l'Evêché qui ne soit affranchi.

A Napoléon, chez CAMILLE LECONTE, Imprimeur de la Préfecture.